27

In 13091.

LISE LYS

OU

LA VÉRITÉ DE LA DOCTRINE ÉVANGÉLIQUE

PROUVÉE PAR LES EFFETS QU'ELLE PRODUIT.

PAR G. CAMBON

Cette petite Notice se vend au profit de l'Asile de Marennes
en faveur des vieillards et des orphelins disséminés.

PARIS

LIBRAIRIE DE CH. MEYRUEIS ET Cᵉ

RUE DE RIVOLI, 174

ET AUX LIBRAIRIES ÉVANGÉLIQUES

—

1864

La maison achetée par M. le pasteur Cambon, pour l'*Asile des vieillards et des orphelins disséminés*, lui a été remise. Les présentations peuvent dès à présent être faites. Deux sœurs en Christ, qui doivent partager la tâche de la famille du pasteur, sont à Marennes.

Tout don, en argent ou en nature, sera reçu avec reconnaissance. Tout don de 100 francs donne droit au titre de bienfaiteur de l'œuvre. Toute souscription de 300 francs donne le droit d'être membre du Comité administratif et de faire admettre gratuitement un vieillard ou un orphelin.

Tout ce qui concerne l'Asile doit être adressé à M. le pasteur Cambon, à Marennes (Charente-Inférieure).

INTRODUCTION

Cette petite Notice fut écrite, il y a un peu plus de six mois, au moment même du *départ* de la jeune et bienheureuse sœur dont elle rappelle le souvenir. Nous nous proposions de retoucher et même de refondre ce travail; mais le manuscrit ayant été communiqué à un ami de Paris, celui-ci crut devoir le faire imprimer, et nous devons l'offrir à nos amis tel qu'il sortit d'un premier jet.

Les faits qui composent le récit paraissent avoir, ils ont un caractère local et personnel. C'est dans un lieu déterminé, au sein d'une famille et dans un cercle formé par quelques amis intimes, qu'ils se sont accomplis. Mais il en sera toujours ainsi quand, au lieu d'*imaginer* une histoire, on la cherchera dans des faits bien constatés, telle que Dieu la fit (1). Dans le cas actuel, nous avons été très heureux et il nous paraît très important de pouvoir dire de notre Notice : tout ce que nous y racontons est parfaitement vrai; vrai dans l'ensemble, vrai dans les détails, vrai toujours. Voici pourquoi.

Sous notre simple et modeste récit, on aperçoit sans efforts, soulevées et résolues par l'expérimentation chrétienne, les grandes questions qui ont, à toutes les époques, occupé et agité le monde, mais qui l'occupent particulièrement de nos jours: *le*

(1) Plusieurs Traités contiennent des récits tout aussi rattachés à un lieu, à une famille que le nôtre, mais seulement en vertu d'une fiction. Que de fois nous avons entendu dire : « Ce traité est excellent..., mais il est bien fâcheux que les faits qu'il raconte ne soient pas réels... »

péché, la grâce, la divinité du Christ et de sa parole, l'expiation, la nécessité de naître de nouveau pour devenir chrétien, etc., etc. Une science, faussement ainsi nommée, fait des efforts inouïs pour jeter des doutes, en apparence sur les *formules* qui énoncent ces doctrines, et en réalité sur les doctrines elles-mêmes. Mais quand cette science serait de bon aloi, et qu'elle aurait été moins désavouée par la parole de Dieu, que pourrait-elle contre les faits qui vont être racontés? Il ne s'agit pas ici de disserter sur des doctrines considérées en elles-mêmes, mais d'en constater, d'en voir les effets.

Eh bien, ces doctrines servent de base à la foi, à la confiance, aux prières, à l'amour, à l'humilité profonde, à la sanctification de la jeune fille dont notre récit contient l'histoire. C'est grâce à ces doctrines et à leur efficacité, à leur vertu (*l'Evangile est la puissance de Dieu pour sauver ceux qui croient*), qu'à peine âgée de dix-neuf ans, Lise, non-seulement quitte sans regret le monde où Dieu lui avait fait une situation très heureuse, mais qu'elle va avec joie, pleine de sérénité et de paix, vers Celui qui *a les yeux trop purs pour voir le mal,* vers la mort, le jugement, l'éternité... Que ces doctrines disparaissent un moment, qu'un doute vienne les couvrir de son ombre; et l'on voit soudain disparaître ou s'affaiblir la confiance, l'espérance, la paix; qu'elles soient de nouveau mises en lumière, et l'âme retrouve aussitôt, dans une mesure proportionnelle, sa vie, son adoration filiale et sa sécurité. Ces doctrines sont donc *la cause,* et la paix avec la sanctification, *l'effet.*

Mais cet enseignement, donné d'une manière si frappante par le lit de mort de notre humble et jeune fille, n'est, je le répète, que la confirmation de ce qu'on a remarqué dans tous les temps. Examinez ce que disent les saintes Ecritures de ceux qui sont morts dans la foi, *ayant vu de loin les choses qui leur avaient été promises, les ayant crues, embrassées*; cherchez dans toutes les vies, dans toutes les morts dont l'histoire a gardé le souvenir : ou les mourants ont quitté ce monde sans y avoir trouvé l'amour de Dieu avec la paix; ou ils l'ont trouvé au pied de la croix, dans la foi en Christ, Fils de Dieu et Sauveur, selon sa parole.

La question à résoudre se pose donc tout simplement ainsi : Est-il démontré que la doctrine, la foi évangélique a le pouvoir de changer le cœur de l'homme; que partout où cette doctrine est vraiment admise, l'homme cesse d'aimer et de faire le mal, et s'applique à faire le bien; qu'après avoir amélioré, vivifié, régénéré l'homme, cette croyance lui donne la paix, de telle sorte qu'il peut voir venir la mort sans crainte..., bien plus, l'attendre avec joie, avec bonheur, la dominer, la défier, la vaincre?

O mort! où est ton aiguillon?

Est-il vrai que ce fait, des millions d'hommes, venus les uns après les autres pendant une longue suite de siècles, lui rendent témoignage?...

Encore une fois, là est la vraie question; et si l'on peut y faire une réponse affirmative, il est évident que la doctrine évangélique est vraie et qu'elle est divine.

Tous mes amis savent que j'ai pu, pendant un ministère qui remonte à trente-cinq ans et plus, être témoin de plusieurs morts visiblement semblables à celle de Lise. On n'a pas oublié les Notices (1) publiées sur Pauline S., Adèle L., Bertin, Vivien fils, Emilie B., vraie fondatrice de l'asile qui porte son nom.

(1) Ces diverses Notices, revues et refondues, seront incessamment réunies en un seul volume.

Au moment où j'écris ces dernières lignes, je viens d'être de nouveau édifié par une mort non moins bénie. Suzanne Clair n'avait pas encore dépassé sa vingtième année, mais sa santé était gravement altérée; de redoutables et cruelles infirmités l'avaient atteinte. Elle s'est endormie dans la joie du Seigneur. Eh bien, grâce à sa foi en Christ, d'indicibles souffrances, de vives et amères douleurs, qui ne lui laissaient aucun repos ni le jour ni la nuit, n'ont pas un seul moment troublé sa joie intérieure, sa paix. C'est ainsi qu'elle disait un jour, avec tous les élans de la prière : « Bon Sauveur! viens me chercher; je t'en supplie! Je souffre. Je veux m'en aller avec toi. Viens me chercher! » Mais un instant après elle s'écriait : « Je suis méchante! Je suis méchante! Je ne sais pas souffrir avec patience! » se reprochant comme un murmure, cette prière qui avait édifié ses amis.

Un autre jour, après avoir entendu la lecture d'un cantique : *Seigneur! dans ma souffrance, à toi seul j'ai recours...*, elle nous proposa de le chanter; et elle put le chanter en effet avec sa voix presque éteinte, mais avec tous les élans de l'adoration. Ensuite, comme si ce cantique avait fait du bien à son âme, elle proposa d'en chanter un autre; et avec sa voix, que répétaient déjà les échos du Jourdain, elle chanta :

Seigneur, Seigneur, regarde ma souffrance (1)
Sois encor mon soutien.
Eh quoi, eh quoi, c'est la mort qui s'avance!...
Tout va bien!...
Oui, c'est la mort, plus de souci;
Mes fers se brisent, Dieu merci!...
Péché, douleurs, tombez aussi...
Tout va bien!...

(1) Ce cantique, composé d'abord en sessouto sur un chant du pays, a été depuis traduit en français par M. Casalis son auteur. Nous regrettons de ne pas pouvoir le publier ici tout entier.

Là-haut, là-haut, dans la sainte patrie,
Tout va bien !
Ouvrez, ouvrez à mon âme ravie,
Tout va bien !
Les anges au front radieux
Déjà m'entourent en ces lieux,
Prêts à porter Lazare aux cieux.
Tout va bien !

Offrez, offrez à Jésus vos louanges,
Tout va bien !
Vous, saints, chantez, chantez avec les anges,
Tout va bien !
Du monde impur, du noir tombeau,
Volant au ciel où tout est beau,
J'irai chanter gloire à l'Agneau !
Tout va bien !

Quelques heures s'écoulèrent encore, et Suzanne contemplait face à face, Celui en qui elle avait cru. Ses dernières paroles à sa mère méritent d'être conservées.

« Maman, je vais te quitter ; mais je ne veux pas que tu me pleures. » La mère réclamait. « Non, non maman, tu ne dois pas, tu ne peux pas me pleurer. On pleure ceux qui sont malheureux, ceux qui souffrent ; mais bientôt je serai heureuse, je serai avec mon Sauveur. Ah ! ne pleure pas sur moi ! »

Ainsi la paix, l'assurance de Suzanne était la suite, toujours de cette même doctrine évangélique que nous allons trouver dans le cœur de Lise.

Extrait d'une lettre écrite le 12 décembre 1863,
après la mort d'un disciple du Sauveur.

« C'est Dieu qui fait la plaie, et c'est aussi lui qui la bande. Nous avons d'abord été accablés. Nous venions de perdre ce que nous avions de plus cher icibas ; mais quelles consolations nous ont été dispensées !

« Dieu a épargné à notre frère les douleurs de l'agonie ; il lui a conservé de plus toute son intelligence jusqu'au dernier moment, et notre bien-aimé a pu jusqu'à la fin manifester sa foi, sa reconnaissance, le bonheur parfait d'aller vers son Sauveur.

« ... Il nous a déclaré qu'il s'était déchargé de tout souci, déposant tout son fardeau au pied de la croix, et les choses de la terre n'étant plus rien pour lui. Il a montré toute sa confiance en Jésus en lui remettant sa femme et ses enfants, et en invitant ceux-ci à se confier sans réserve en ce bon et divin Maître. Cette scène a été des plus émouvantes..... Nous avons pleuré son départ, mais aussi envié son bonheur. J'espère qu'une aussi belle fin ne s'effacera jamais de notre souvenir... « Mon cher frère, « m'a-t-il dit, nous vivrons éternellement en Christ. » Une de ses plus proches parentes s'est écriée, profondément émue : « Quand même je le pourrais, je « ne le ferais pas revivre. » Et nous pouvons tous, grâce à Dieu, dire avec le beau cantique :

« Il n'est donc pas perdu, il nous a devancés. »

A. X.

LISE LYS

I

LA MÈRE

Il y a près de vingt ans, M. et Madame Lys habitaient déjà un petit village, non loin des lieux où se trouve aujourd'hui l'asile Emilie. Ce village s'appelait, et il s'appelle encore, le Maine-Planti. Madame Lys était à la veille de devenir mère une deuxième fois; et un changement sérieux devait suivre de près la naissance de son nouvel enfant. Après avoir longtemps écouté la Parole de Dieu qui agissait insensiblement sur son âme, elle eut comme Lydie le cœur ouvert; elle crut à la vérité des enseignements de la sainte Bible. Quelque grande et fondée que fût l'estime dont elle jouissait parmi les hommes, elle se sentit condamnée justement devant Dieu. Ses péchés lui apparurent; elle comprit qu'elle ne pouvait en aucune sorte, en mériter le pardon; elle se tourna vers la croix de Christ et trouva la paix.

Madame Lys avait été appelée à la connaissance vivante de l'Evangile. Dieu qui l'avait ainsi préparée pour qu'elle pût l'instruire à l'entrée de ses voies, lui avait fait don d'une fille, à laquelle elle avait donné le nom de Lise. Pendant que la jeune enfant suçait le lait de sa mère, celle-ci puisait, de plus en plus, dans la Parole de Dieu, le lait spirituel et pur de la foi et de la vie. Aussi Lise fut-elle consacrée au Seigneur par les vives et ferventes prières du premier amour. Elle manifesta pendant sa première enfance, un penchant béni pour la piété, et l'on put vraiment dire qu'elle *avait reçu le Saint-Esprit dès le sein de sa mère.*

Nul ne saurait s'étonner, maintenant, des paroles écrites en tête de ce chapitre : *Celle-ci est la mère.* On sait à quelle occasion elles furent prononcées. La femme qui voulait avant tout sauver la vie de son enfant, même quand on allait le donner à sa rivale, était seule digne de ce nom, le plus beau de tous, après celui de Dieu et de Christ. Ainsi en est-il de toutes les mères vraiment pieuses ; elles veulent, d'abord, que leur enfant soit chrétien, qu'il appartienne au Seigneur, qu'il ait en lui la vie éternelle. Bien loin de se borner à le porter une fois dans la maison de Dieu, pour la célébration d'un baptême tout extérieur, chaque jour et à chaque instant, leurs prières ferventes intercèdent pour lui. L'enfant est donné à Dieu par une consécration perpétuelle, *en sacrifice vivant et saint.* Telles furent Anne, la mère de Samuel, Eunice, la mère de Timothée, Monique, la mère d'Augustin, et telle voulut être la mère de la jeune Lys. Qui pourrait dire toutes les prières, tous les soupirs qu'elle fit monter vers le ciel ?... Dieu seul, Dieu qui les entendit, et qui, d'une manière visible, devait les exaucer.

II

LES INSTITUTRICES

Lise avait grandi. Le moment de la confier à une institutrice était venu. Non loin du Maine-Planti, Mesdemoiselles Ecubard avaient ouvert une excellente école. Ces demoiselles, sœurs dans le double sens de ce mot, avaient l'une et l'autre reçu de Dieu cet amour pour les âmes qui donne un attrait infini aux relations avec les enfants et qui facilite le bien qu'on veut leur faire. On devine avec quel empressement la fille bien-aimée dut être accueillie par de semblables institutrices. Celui qui prévoit toutes choses, et qui fait tout concourir *au bien de ceux qui l'aiment*, avait ménagé à Madame Lys cette ressource d'un si grand prix, pour la continuation de son œuvre maternelle. La mère et l'institutrice, cette autre mère quand elle est pieuse, s'accordèrent bientôt mutuellement. On aime à se représenter la jeune Lys, arrivant le soir au Maine-Planti, racontant avec émotion ce qu'on lui avait dit, ce qu'elle avait appris à l'école, et recevant ensuite les encouragements sortis du cœur de sa mère : Cela va bien, mon enfant; crois, *fais ces choses et tu vivras*. Mais la scène n'est ni moins instructive ni moins touchante, quand le lendemain la jeune enfant va dire à l'institutrice, quel chapitre elle a lu, quel cantique elle a chanté au culte de famille, quels pauvres elle a visités avec sa mère... Courage, courage, mère chrétienne, institutrice fidèle : *votre travail ne sera pas vain auprès du Seigneur.* C'est ainsi que la jeune fille croissait et se développait : chaque jour apportait son espérance, sa joie, son fruit.

Un bien sérieux fut aussi fait à la chère élève, pendant deux années scolaires qu'elle passa à Saintes, dans la pension Oloubet. Nous avons eu sous les yeux deux lettres qu'elle écrivit à son frère à cette époque, et, avec des développements ici inutiles, nous y avons lu : « Que le Seigneur se fasse connaître à toi ! Garde-toi d'endurcir ton cœur ! Que le temps dont tu disposes soit bien employé ! Que les bonnes choses que tu as entendues (1857, assemblées annuelles de Paris) te soient salutaires !!! »

Lise avait reçu de bonnes impressions puisqu'elle voulait ainsi en faire part. La piété sous l'influence de laquelle elle se trouvait, était à la fois vivante et pratique. Ce fut à quatorze ans et ainsi disposée, qu'elle rentra dans le sein de sa famille. Elle y fut, comme avant, l'objet d'une tendre et vive affection ; mais cette affection, son caractère doux, sympathique et sa piété sincère, tendaient sans cesse à la faire grandir.

Le voisinage de l'asile Emilie et de sa pieuse directrice, fut pour Lise, enfin, une véritable, une riche bénédiction. Elle y allait chaque jour, assistant à toutes les réunions, à toutes les instructions religieuses, mêlant sa voix à celles des orphelines dans ces chants pieux et animés de l'Asile qui, depuis le matin jusqu'au soir, provoquent, entretiennent ou ravivent la foi dans les cœurs.

III

LES AMIES CHRÉTIENNES

En remontant à un peu plus de quatre ans, nous assistons à la formation d'un groupe de jeunes filles toutes sorties de l'école Ecubard et visitant d'une manière habituelle l'asile Emilie. Elles se réunissent le mercredi de chaque semaine, pour méditer la parole de Dieu ; et le dimanche pour s'associer dans leurs expériences mutuelles, prier d'un commun accord et faire des visites de charité. Lise fait partie de ce groupe. Toutes ses amies rendent à sa piété un bon témoignage. Très modeste, se défiant beaucoup de tout ce qui vient d'elle, regardant avec les yeux de la foi dans les profondeurs de son âme, elle se juge avec une chrétienne fidélité, ne semblant jamais pouvoir à son gré *marcher avec les humbles.* Les écoles du dimanche lui inspirent un véritable intérêt, une vive sollicitude. Elle prend à celles de son voisinage une part très active, soit en s'occupant avec amour des enfants qui lui sont confiés, soit en recevant pour en faire son profit, en écoutant avec une candeur évangélique, toutes les instructions données aux élèves.

Plusieurs des jeunes filles qui forment notre groupe, amies très intimes de Lise et ses proches voisines, passent une partie de l'année en voyage. C'est une véritable épreuve pour la petite famille spirituelle ; mais comme toujours, en pareil cas, la correspondance adoucit et peut-être fertilise les regrets de la séparation. J'ai pu me procurer quelques lettres de Lise, et elles m'ont si vivement intéressé, édifié, que je voudrais pouvoir les mettre tout entières sous les yeux de mes lecteurs. J'y ai en vain cherché une ligne, un mot qui n'eût pas été visiblement écrit sous le regard de Dieu. Tout y est bon, évangélique, sérieux, vivant. Tout y sort du cœur. Quatre ou cinq jeunes filles, âgées de moins de vingt ans, s'écrivent avec la plus entière liberté, ayant l'assurance que leurs lettres ne sortiront pas de leur petit cercle. Cette correspondance embrasse plusieurs années. On peut le dire en vérité, les chrétiens les plus avancés, les plus éminents, n'ont jamais écrit d'une manière plus sérieuse, plus édifiante. Ces jeunes filles sont unies par une douce amitié que la foi a sanctifiée ; leurs relations sont salutaires, bénies. Rapportant à Dieu lui-même toutes leurs joies, toutes leurs épreuves, grandes ou petites, elles vivent avec lui dans une intimité d'adoration qui paraît rarement interrompue. On va en juger. Voici quelques fragments.

A l'occasion d'un voyage.

A. « Mon voyage a été très bon. Il a fait beau temps et la mer n'avait plus les vagues furieuses de la veille. Je suis arrivée, et je rends grâce à ce Dieu tout-puissant *qui parle avec autorité aux vents et à la mer, et ils lui obéissent.* » — Un an plus tard : « Mon voyage a été des plus heureux, grâce à Dieu. Il a fait un temps magnifique. Malgré le chagrin de me séparer de mes parents et de mes amis, je n'ai pu m'empêcher d'être joyeuse, à la vue du magnifique spectacle de la mer. Ces paroles du roi-prophète me sont venues à l'esprit : *Ceux qui voyagent sur les eaux, voient les merveilles du Dieu vivant.* Tour à tour des moments de tristesse et de joie s'emparaient de mon cœur. Plus on est éloigné de ceux qu'on aime sur la terre, quand on aime selon le Seigneur, et plus aussi l'on se sent près de Jésus. Ah ! quelle douce pensée : Je sais que mes peines sont ses peines et mes chagrins ses chagrins. »

B. « Tu as fait un bon voyage et tu te portes bien ; nous remercions toutes ensemble le Seigneur qui veille sur ses enfants d'une manière si admirable. » Un an plus tard : « N'est-il pas vrai que le Seigneur veille toujours sur ses enfants ? Après avoir été seule, tu dois être heureuse d'avoir une sœur auprès de toi ; vous pouvez parler ensemble de vos intérêts éternels et vous fortifier l'une l'autre dans la foi.

« LISE. »

Les tentations.

A. « Nous venons vous dire encore une fois : Ne nous oubliez pas. Des tentations de tout genre nous environnent, et nous sommes si faibles ; il faudrait si peu de chose pour nous faire tomber, que nous avons sans cesse besoin de l'esprit du Seigneur pour nous soutenir. Joignons-nous toutes pour le lui demander. » (3 octobre 1862.)

B. « Tu es entourée de tentations... Mais le Seigneur veille sur toi ; il ne permettra pas que tu sois tentée au-dessus de tes forces, et son Saint-Esprit te sera accordé. Quoique nous ne soyons pas exposées aux mêmes tentations que toi, nous sommes entraînées très souvent à faire le mal *que nous ne voudrions pas faire*... Mais si les tentations sont partout... avec Jésus la victoire est aussi partout.

« LISE. »

Les fêtes de Noël.

A. « Nous voulons vous dire combien ont été tristes pour nous ces beaux jours de fête. Il nous aurait été doux de nous rendre dans le temple du Seigneur... Mais il en a été décidé autrement. » (1er janvier 1861.)

B. « Nous voudrions pouvoir vous analyser tout ce que nous avons entendu pendant nos belles et saintes fêtes. Nos cœurs ne devraient-ils pas être remplis de reconnaissance, en pensant à tout l'amour de notre Dieu-Sauveur qui a bien voulu s'abaisser jusqu'à nous et souffrir pour nous tant d'humiliations ?

« Mais quand à la fin de cette année, nous pensons à l'emploi que nous en avons fait, à notre peu de progrès dans la vie chrétienne, à tout l'amour que nous aurions dû avoir pour notre Dieu qui n'a pas cessé, soit par notre conscience, soit par la bouche de ses ministres, de nous adresser de pressants appels, nous devons nous humilier profondément. — Ah! chères amies, demandons-lui donc à ce bon Dieu, de nous pardonner toutes nos fautes passées, et de nous donner, pendant l'année qui va venir, d'être plus vigilantes, plus dévouées pour son service...

Demandons-lui aussi son Saint-Esprit, afin que nous
devenions de nouvelles créatures et qu'un jour nous
puissions être rassemblées autour de son trône !

« LISE. »

L'Alliance évangélique.

A. « Tu sais que tous les amis de l'Alliance évangélique, dans toutes les parties du monde, devaient
mettre à part cette première semaine de l'année
pour faire monter vers Dieu des prières. Eh bien, le
Seigneur nous a fait la grâce de pouvoir assister aux
réunions pendant la semaine qui a été bien bénie...
S'il fallait vous dire tout ce que j'ai entendu de bon,
je ne saurais. Une sœur nous disait samedi en nous
quittant : Prenons garde d'être des servantes inutiles, après avoir entendu de si bonnes choses. »

B. « Nous avons appris avec plaisir que vous pou-
viez assister à de bonnes assemblées. Mais si nous
en avons été privées, nous avons eu aussi beaucoup
de moyens d'édification. Notre pasteur est si édi-
fiant, si évangélique, qu'il est impossible de ne pas
être profondément remué en l'écoutant.

« Je suis sous l'impression d'une prédication excellente. Vous dire avec quelle ardeur M. P. L. a
parlé ce matin, serait chose impossible. Voici le
texte : *Jésus-Christ est le même hier et aujourd'hui,
et il le sera éternellement* (Héb. XIII, 8). Elles étaient
heureuses les personnes qui pouvaient contempler
le Sauveur, entendre ses paroles pleines d'amour, et
le suivre pas à pas dans son passage sur la terre...
Mais, puisqu'il est toujours le même, nous pouvons,

1...

nous aussi, le contempler avec les yeux de la foi. Il est toujours là pour nous entendre et pour exaucer favorablement nos requêtes.   « LISE. »

A. « N'oublions pas que c'est Jésus-Christ qui pardonne, que c'est lui qui s'offrit en victime pour nous sur la croix du Calvaire. Aussi nous devons redoubler de courage pour le servir au lieu de nous laisser ébranler. Nous n'avons pas bâti notre maison sur le sable, comme l'insensé de l'Ecriture ; mais sur le roc, sur la véritable pierre de l'angle qui est Christ. Fortifions-nous donc dans le Seigneur et dans sa force toute-puissante. »

Une consécration.

B. « Vous vous demandez quel motif nous a empêchées de vous répondre ? Nous voulions avant assister à cette belle fête de la consécration de M. G. C. Bien des fidèles étaient venus de loin se joindre à l'heureuse famille, prier pour le jeune pasteur. Le pasteur consacrant a prix pour texte : *J'ai prié pour toi afin que ta foi ne défaille point.* » — Entre les choses que la jeune fille ne peut pas dire, en voici quelques-unes : Avec quel amour le père a parlé à son enfant, combien paraissait vive sa reconnaissance ; quelle joie j'ai goûtée, quelle édification j'ai su trouver *dans tout ce qui a été dit de la part du Seigneur ! ! !*

« M. G. C. est monté en chaire. Il a fait une magnifique profession de foi. Le Seigneur le soutenait, car on le voyait ému, et il n'a pu parler que grâce à une force supérieure à la sienne ! Est venue à la fin du jour une prédication de M. P. L. Le Seigneur lui-même était là, dictant les paroles qui ont été prononcées pour le salut des âmes.

« Le lendemain jeudi, le nouveau pasteur reçut à la communion un jeune homme qui avait été son élève et que ses parents avaient exprès conduit à Marennes. Il prit pour texte : *Le juste vivra par la foi.* Il nous montra que cette parole s'était accomplie dans tous les temps et que la vie était toujours venue de la foi. Il parla de la conversion de Luther et montra que cette foi qui a pénétré le cœur de tant d'hommes, peut aussi pénétrer le nôtre.

« Le jeune homme ayant été admis, les pasteurs présents s'approchèrent de la sainte table. La sainte cène fut distribuée d'abord à la famille du pasteur et à celle du jeune homme, et ensuite par groupes à tous les fidèles.

« Oh! que d'appels ! N'y restons pas sourds et donnons-nous tout entiers à ce bon Sauveur qui a donné sa vie pour nous. Puissent toutes les paroles qui ont été prononcées, faire du bien à tous ceux qui les ont entendues comme à nous, afin que, ayant tous été appelés, nous soyons tous élus.

« En terminant, nous prions le Seigneur de nous fortifier de plus en plus dans la foi, afin qu'un jour nous puissions toutes être réunies dans les cieux et chanter éternellement des cantiques à l'Agneau qui a été immolé ! » (1er février 1861.)   « LISE. »

Nous nous arrêtons à regret. Mais ces fragments suffisent pour révéler le christianisme si sérieux, si intime, si consciencieux de notre chère enfant. Notre but a été atteint.

IV

LA FOI ET LA SANCTIFICATION.

Dès que Lise fut sortie de pension, je remarquai qu'elle ne se séparait presque plus de sa mère dont elle était devenue l'amie aussi bien que la sœur. Elles assistaient ensemble à toutes les réunions d'édification que je présidais, soit à l'Asile, soit dans le voisinage ; et je ne visitais jamais les orphelines, sans visiter aussi ces deux sœurs toujours sérieuses, toujours disposées aux bons entretiens.

J'ai gardé un bon souvenir d'une réunion intime qui eut lieu au Maine-Planti, le 29 août 1862, surlendemain de la séance annuelle de l'orphelinat. Les personnes qui la composaient, y jouirent des douceurs ineffables de la présence de Dieu et de la communion de ses enfants (1 Jean I, 1). Après une agape, les amis assemblés se sentirent pressés de tomber à genoux, bénissant le Seigneur des joies qu'il leur avait dispensées. Des prières pleines de vie et de ferveur sortirent de toutes les âmes, et longtemps après nous répétions encore ces paroles des disciples à Emmaüs : *Notre cœur ne brûlait-il pas au dedans de nous, quand nous méditions les Ecritures et que nous rompions le pain ?* Un des amis avait proposé pour sujet d'entretien, ce passage si connu, mais si souvent oublié : *sans la sanctification, personne ne verra le Seigneur*. Les paroles inspirées qui montrent les œuvres..., non pas quelques œuvres de

choix, mais les œuvres, toutes les œuvres chré-
tiennes, comme étant inséparables de la vraie foi,
furent lues et produisirent une vive sensation. Nous
avions entendu la veille un discours fort remarqua-
ble de M. le pasteur Bersier sur : *Suis-je le gardien
de mon frère, moi ?* Nous éprouvâmes une salutaire
mais légitime humiliation, sentant tous qu'il fallait
faire autre chose que gémir sur ce que nous avions
désavoué ;... qu'il fallait suivre le Seigneur, marcher avec lui, écouter enfin ce précepte : *Tous ceux
qui me disent : Seigneur, Seigneur, n'entreront pas
dans le royaume des cieux ; mais ceux-là seulement qui
font la volonté de mon père.* Avant de se séparer, les
amis prirent deux résolutions :

1º Celle d'ouvrir à Marennes un asile en faveur des
vieillards et des orphelins disséminés, vivant dans
des lieux où ils ne trouvent aucun moyen d'édification.

2º Celle de se rendre compte, chaque jour devant
Dieu, de leurs sentiments et de leurs actions, et de
tendre avec persévérance vers ce but : *avoir le mal
en horreur, s'attacher fortement au bien.*

Lise prit au sérieux cette double résolution. Elle
commença de suite une collecte pour l'Asile, et un
journal, un compte courant journalier de sa vie. Le
conseil avait été donné le 29 août, et le journal
commencé porte la date du 1er septembre

« O Seigneur mon Dieu, c'est donc aujourd'hui
que je commence le compte de mes voies, donne-moi
de le faire avec sincérité et avec le sentiment de ta
présence...

«Eh bien ! Seigneur…, la première pensée de mon
âme aurait dû être une pensée d'amour pour toi, et
de reconnaissance pour tes bienfaits… Mais, hélas !
les choses de la terre sont toujours là pour me séduire… Tu le sais, Seigneur, j'ai des pensées d'orgueil !… Je t'en supplie, ôte de mon esprit ce grand
péché et daigne me purifier dans ton sang précieux… Cependant, Seigneur, ces jours derniers, tu
m'as fait du bien. Je t'en rends grâce, je t'en bénis…
Que je montre ma reconnaissance par ma soumis-
sion à ta sainte volonté ! »

Ce journal, nul ne l'avait lu, nul n'en savait l'exis-
tence, pas même la mère, avant la mort de Lise. Il
nous a aussi vivement édifié que les lettres. La jeune
fille n'a pas voulu ajouter un acte de formalisme
à d'autres actes de la même nature. Ce n'est pas
pour s'approuver, s'admirer, se bercer sur un oreil-
ler de sécurité qu'elle écrit ; c'est sérieusement, devant Dieu, avec sa conscience chrétienne, éclairée
sans cesse par l'Evangile, qu'elle se juge. Aussi celle
que tout le monde estime, aime, loue…, tenant dans
ses mains ce miroir spirituel qui s'appelle la Parole
de Dieu, se voit autant que possible, telle que Dieu
la voit, blâmant le mal avec une impitoyable sévérité
partout où elle le découvre. Lise n'avait jamais
vécu dans ce qu'on appelle le monde ; mais elle découvre le monde, elle nous le montre chaque jour
voulant entrer dans son cœur ; pour se soustraire à
son influence plus où moins indirecte, elle lutte sans
se lasser, sans s'abandonner au sommeil de la sécurité. La jeune fille, simple et modeste, paraissant à

tous les yeux d'une humilité excessive, se reproche chaque jour de ne pas assez repousser l'orgueil. Qu'on se rende compte de la fidélité scrupuleuse de ses appréciations. Lise vole à toutes les réunions religieuses, elle salue avec joie le retour du dimanche, elle étudie la Bible, elle s'entretient souvent avec le Seigneur... Mais que d'imperfections elle sait trouver dans tous ces actes pieux, piége perfide pour tant de chrétiens qui ne savent ni les dépasser, ni les sonder. Ecoutons-la. Ses prières..., des distractions en troublent, en arrêtent les élans! Ses lectures..., son cœur n'en est que médiocrement touché... Le culte, les chants eux-mêmes dans ce qu'ils ont de plus radieux, de plus entraînant..., ils lui paraissent parfois ne sortir que de la bouche, que des lèvres!

C'est ainsi, sous l'influence de l'Esprit de Dieu, que se voit et s'apprécie la jeune chétienne. Mais tous ces péchés qu'elle sait découvrir, sonder, combattre, elle les porte au pied de la croix. C'est là qu'elle les confesse, travaillant à les déraciner, jusqu'au jour où il lui sera permis de répéter ce cri de victoire du grand apôtre : *Nous sommes plus que vainqueurs par Celui qui nous a aimés.*

C'est pourtant ici le lieu de faire une remarque. Trois mots résument les doctrines évangéliques de Lise, comme celles de tous les enfants de Dieu : le péché, la grâce en Christ, la sanctification par le Saint-Esprit. Mais on dirait que sans s'en rendre bien compte, notre sœur déplace par moments ces doctrines pour n'admettre la grâce qu'après la sanctification. Elle paraît vouloir alors : d'abord se sanctifier dans une certaine mesure, et ensuite accepter le pardon, le salut; semblable à un enfant qui voudrait, avant de réclamer l'héritage de son père et d'en appeler à son titre de fils, s'en montrer digne... Mais cette erreur lui fait perdre la paix, la joie du salut, sans lui en ôter la possession... L'expérience, la lecture de la Parole et la connaissance graduelle de son cœur, tendent à l'éclairer; et bientôt on ne trouve plus dans ses mains désabusées, que le Testament qui lui assure l'héritage comme un simple don et par pure grâce.

Voici quelques fragments du journal ou plutôt des confessions de Lise. Nous eussions voulu pouvoir le donner tout entier.

6 septembre.—«Je ne montre pas en toute occasion que je suis ton enfant. Je veux, Seigneur, te raconter mes faiblesses, mes chutes, qui sont, hélas! toujours les mêmes : l'orgueil est toujours mon péché dominant... Fais que je me rappelle sans cesse ces paroles : *Dieu résiste aux orgueilleux, mais il fait grâce aux humbles.* »

7. Dimanche. — « Ai-je employé ce jour selon ta volonté, Seigneur? Ma conscience m'accuse et me reprend. Avec des pensées d'orgueil, j'ai eu des distractions dans ta maison, peu de charité pour mon prochain, et peu d'amour pour toi, ô Jésus-Christ, mon ami le plus précieux. Et pourtant, je veux être ton enfant, je veux te donner mon cœur; mais je compte trop sur moi-même et pas assez sur toi. Ah! qu'il n'en soit plus ainsi. Viens toi-même habiter

dans mon âme et me donner ton Saint-Esprit. »

8. — « Seigneur, tu m'as fait la grâce de m'envoyer deux amies. J'ai été heureuse de pouvoir m'entretenir avec elles de plusieurs choses qui m'ont fait du bien. Sois béni, Seigneur!... Mais j'ai eu aussi à souffrir... Mon mauvais cœur est toujours là pour me détourner et pour me séduire. Je crains de n'avoir pas parlé avec assez de charité de quelques personnes..., pardonne-moi. J'ai une trop haute opinion de moi-même, et je juge les autres comme s'ils m'étaient inférieurs... Seigneur, pardonne, et donne-moi l'humilité qui vient de toi... Viens habiter en moi pour que je sois véritablement tienne. Donne-moi de consacrer ma vie à ce que ta Parole m'enseigne, et d'avoir cette vie chrétienne pratique que tu communiques à tes enfants. Je te le demande par l'amour de *mon Rédempteur*. »

11. — « Seigneur, sois apaisé envers moi; pardonne-moi tous mes péchés pour l'amour de Jésus-Christ mon Sauveur. Que je puisse dire comme l'Apôtre : *Ce n'est pas moi qui vis, c'est Christ qui vit en moi;* que je puisse reconnaître, sentir, que je fais des progrès, que je suis plus humble et plus fidèle. »

17. — « Je me suis sentie heureuse. Il me semble déjà que je jouis des avant-goûts du ciel. Tes louanges que j'ai chantées, m'ont fait beaucoup de bien. Ah! que nous marchions tous dans cette route bénie que tu as toi-même tracée!... Que je puisse me *cramponner* à Jésus pour ne plus pouvoir l'abandonner! »

30. — « Que de péchés j'aurais à confesser, Sei-

gneur! Mais voici ma confiance : ton sang a effacé mes péchés sur la croix du Calvaire! Viens donc, ô Jésus! habiter dans mon âme, afin que je vive de ta vie, et que je sois véritablement affranchie de l'esclavage du péché. »

12 octobre. — « Que de bonnes choses j'ai entendues aujourd'hui; que d'appels, que de choses à faire qui ne se font pas! J'ai pourtant été heureuse, je me suis sentie près de *Lui*..., et toutefois j'ai eu encore des distractions!... Ah! je compte trop sur moi, Seigneur! »

16. — « Lorsque je pense à tout ce qu'on nous a dit aujourd'hui, je ne peux que m'humilier... car, moi aussi j'ai beaucoup d'idoles, beaucoup de choses auxquelles je devrais renoncer, beaucoup de pensées mondaines..., et pourtant toutes ces choses qui ne sont rien laissent le cœur plein d'amertume. »

2 décembre. — Lise fut entraînée à un acte de mondanité... « Je me suis sentie heureuse par moments; mais de quel bonheur,... puisque je me voyais esclave du monde? Viens, Seigneur, briser ces liens qui me retiennent captive, et donne-moi la liberté glorieuse que possèdent tes enfants. »

21. — « Par moments, il me semble que Christ n'est pas mort pour moi. C'est l'ennemi qui veut me persuader que je n'ai pas part à son sacrifice. »

...« O mon Dieu, viens me faire marcher d'un pas ferme dans la sanctification, afin qu'un jour je puisse, par *les mérites de mon Rédempteur*, avoir part à cet héritage céleste, réservé dans les cieux pour nous! »

V

L'ÉPREUVE, LA PATIENCE ET LE SALUT.

La maladie qui devait conduire Lise à la mort ou plutôt à la vie éternelle, se manifesta dix jours avant Pâques. Dès le début, le mal parut fort grave et le médecin fut inquiet. La mère de la chère malade, soutenue d'une manière admirable par la foi, parla aussitôt à sa fille, lui parla, sans cesse, la parole de Dieu à la main. Elle l'avertit avec cette tendresse maternelle qui semble tout surpasser en dévouement, surtout quand la foi l'a sanctifiée. (Ps. CIII, 13, 14.) Cet avertissement fut accueilli avec autant de reconnaissance que de vénération. Lise déclara à plusieurs reprises, qu'elle mettait en Christ toute son attente, qu'elle possédait la foi, la vie et le Sauveur qui en fait don.

Quelques jours avant la Pentecôte, un entretien eut lieu ainsi :

— Bonne mère, voici cette fête tant désirée ! Que je serais heureuse de pouvoir aller dans la maison de Dieu, et m'approcher de la sainte table, à laquelle je fus admise, ce jour même, il y a quelques années... Mais je ne suis pas rétablie.

— Eh bien, ma fille, soumettons-nous à la volonté du Seigneur : ne sait-il pas mieux que nous ce qu'il nous faut ?

— Quel le Seigneur est bon, en effet ! Regarde, la maladie qu'il m'a envoyée ne me fait pas souffrir !...

J'eus, à cette époque, le plaisir de voir la chère malade pendant plusieurs jours consécutifs. Je pus lui lire la parole de Dieu, puis lui parler du Seigneur et des espérances de la foi. Lise me parut calme et joyeuse. Je la quittai, me promettant de la revoir encore; mais Dieu en avait décidé autrement.

Le mal fit de rapides progrès.

Le dimanche 14 juin, Lise fut très oppressée. Une crise très douloureuse qui survint, se prolongea pendant quatre heures, sans donner lieu à un seul murmure, à un seul mouvement d'impatience. Il est vrai que la malade fut sans cesse en communion avec Dieu. On entendit, de moment à moment, sortir de sa bouche des paroles, comme celles-ci : « O mon Dieu! assiste-moi... Mon Dieu! ne m'abandonne pas... » Ainsi se réalisaient, en faveur de notre enfant, les promesses faites à la foi, à la prière, à la confiance.

Lundi. — Les parents de Lise voulurent profiter du passage d'un photographe, pour conserver les traits de leur fille. Déjà très faible, elle eut à faire de grands efforts pour ne pas refuser cette consolation. Quand l'opération fut terminée, Lise parut vivement sentir le besoin de prier, ce qu'elle fit avec beaucoup de ferveur et d'onction. Quelques-unes de ses paroles recueillies prouvent qu'elle se réjouissait d'avoir pu s'oublier pour rendre heureux ses amis. « Que je sois toujours patiente, bonne, obéissante, ô mon Dieu! que je puisse te glorifier, pendant les quelques jours que tu me donneras de passer sur la terre, pour que je puisse aussi te glorifier éternellement dans les cieux. » La nuit fut très laborieuse. La fièvre survint. La malade eut, par moments, un peu de délire; mais sans jamais perdre de vue l'amour du Sauveur.

Mardi matin. — Lise est encore très oppressée. Nous avons cru, pendant un moment, qu'elle allait nous quitter. Plusieurs amis, qui se trouvaient dans sa chambre, pleuraient. Mais Dieu a bien voulu que la chère malade sortît de cette douloureuse situation; elle nous a paru alors méconnaissable. On eût dit qu'elle venait d'avoir un entretien avec le Seigneur; et son regard avait quelque chose de céleste, d'angélique. Ayant aperçu sa mère et sa belle-sœur près de son lit, elle les a regardées, d'abord séparément, et ensuite ensemble. Il a été visible qu'elle leur appliquait les paroles de Jésus sur la croix à Marie et à Jean. « Mère, voilà la fille qui remplacera celle qui va te quitter!... Et toi, sœur, voilà la mère que je confie à ta piété filiale! (1) »

— Quel effet ils ont produit sur moi, disait Lise après leur départ; pourquoi pleuraient-ils?

— Fille chérie, ils pleuraient parce qu'ils te voyaient souffrir.

— Mais... je ne souffrais pas beaucoup, et j'étais si heureuse!...

Lise a de nouveau fermé les yeux; mais il est visible qu'elle médite, qu'elle prie. On entend des mots

______

(1) Depuis que ces lignes sont écrites, la belle-sœur de Lise est entrée dans l'éternité. *Veillez et priez, car vous ne savez ni le jour ni l'heure...*

entrecoupés sortir de sa bouche : « Oui, oui !... Jésus !... C'est vrai !... Sauveur !... »

Mercredi. — Le dernier jour de notre chère malade était venu. La mère crut devoir, encore une fois, lui parler du Sauveur et de l'éternité :

— Mets-toi entre les mains du Sauveur, avec une entière confiance. Il faut, ma fille, que tu sentes dans ton cœur la paix avec Dieu...

D'une voix calme et assurée :

— Je vais donc mourir ?

— Chère fille, je ne peux pas te dire quel sera le moment de ton départ, Dieu seul le sait; mais ta situation est telle, que nous n'avons pas longtemps à être ensemble; il faut te disposer à cette séparation.

— Ah ! je ne savais pas que j'allais mourir si promptement !... Eh bien ! ne vous donnez plus tant de peine pour moi !

— Chère fille, nous voulons te soigner jusqu'à la fin; nous serons avec toi jusqu'à ce que nous t'ayons déposée dans les bras du Seigneur.

— Bonne mère !... tu n'auras donc plus de fille.

— Mais si, chère enfant, j'aurai toujours ma fille; seulement elle sera, non plus sur la terre, mais dans le ciel.

M. Lys intervint. Il exprima la crainte qu'une conversation aussi sérieuse pût troubler, angoisser la chère malade. La mère dissipa aussitôt cette inquiétude.

— T'ai-je fait de la peine, chère fille ?

— Oh ! non, bonne mère, non !

— Je le savais bien... N'entends-tu pas ce que te dit le Sauveur, au nom duquel je te parle : *Venez à moi, vous tous qui êtes travaillés et chargés, et je vous soulagerai...* Ecoute encore : *Celui qui vaincra, je lui donnerai à manger de la manne cachée; et un caillou blanc sur lequel sera écrit un nouveau nom que personne ne connaît que celui qui le reçoit...* Le possèdes-tu, chère fille ?

Tout annonce que la chère Lise va nous quitter. Nul ne se fait illusion, et la malade est prête à faire à Dieu la remise de son âme.

M. Lys, le père, fondant en larmes, s'est approché de sa fille pour l'embrasser une dernière fois.

— Mon cher père, mon bien-aimé, ne pleure pas, console-toi.

— Mais, ma fille, je souffre, je suis dans la peine, je voudrais te garder avec moi.

— Mais, mon père, Dieu me veut aussi; il faut bien que je m'en aille. Si tu as la foi, nous nous reverrons un jour; le temps ne sera pas bien long.

Madame Lys, s'approchant :

— Chère fille, tu as consolé ton père, et tu ne me consoles pas, moi?

— Dieu t'a consolée, bonne mère; et c'est toi plutôt qui dois me soutenir et m'encourager...

Plusieurs fois encore, sous l'influence de la foi et de la charité, la mère eut le courage de demander :

— Le Seigneur est-il avec toi, ma fille? As-tu la paix ?

— Oui, maman; oui, je suis heureuse...

Lise à une de ses amies :

— Sera-ce bientôt fini?

— Oui, chère, le Seigneur viendra bientôt te chercher. Te souviens-tu de ce cantique :

> Oui, le repos s'apprête,
> Le combat va finir,
> Levons, levons la tête.
> Glorieux avenir !

— Oui vraiment, je m'en souviens.

Bientôt après, la malade fit demander plusieurs
de ses amies encore absentes, et tous ses parents.
Elle dit à l'un de ces derniers :

— Ne pleure pas, mon oncle ! Je vais mourir et
je ne pleure pas, moi. La mort ne me fait pas peur.
Il ne faut pas s'occuper des choses de la terre, mais
des choses du ciel.

Lise fit ensuite les adieux les plus tendres à tous
ceux qui l'entouraient.

— Adieu, cher papa, nous nous reverrons au ciel.
Adieu, maman ! au revoir ! adieu, cher frère ; adieu
mille fois pour moi à Marguerite.

Elle salua de la même manière toutes ses amies,
les désignant par leurs noms. Elle prononça ensuite
au milieu du plus profond silence, ces paroles :

Le Seigneur dit à ses disciples : *Je m'en vais vous
préparer une place; et quand je m'en serai allé, je
reviendrai et je vous prendrai avec moi, afin que, là
où je serai, vous y soyez aussi...*

Mais elle fut là comme arrêtée par une de ces douleurs que cause une bouche sèche, brûlante ; elle
s'écria :

— Sécheresse, sécheresse !... — Mais aussitôt, soit

qu'elle ait dédaigné, dans un pareil moment, de s'occuper d'une impression passagère; soit que le Seigneur l'eût délivrée : *Si quelqu'un a soif qu'il vienne à moi et qu'il boive : des fleuves d'eau vive couleront de son sein;* elle s'écria, semblable à un cerf altéré qui aurait tout à coup trouvé le courant des eaux : Abondance, abondance !

Madame Bouyer présente à toutes ces scènes, et qui devait y retrouver tant de déchirants mais précieux souvenirs, s'approcha. Il lui sembla que la malade s'affaissait, que ses yeux voilés venaient de disparaître entièrement; elle crut Lise morte, et elle sentit le besoin de rendre grâce... Ces paroles inspirées sortirent, sans aucun doute, beaucoup moins de ses lèvres que de son cœur :

O mort où est ton aiguillon, ô sépulcre où est ta victoire?

Mais tout à coup la malade, comme si la puissance de la Parole de Dieu l'eût ranimée, rouvrit ses yeux et s'écria, continuant :

Gloire, gloire, gloire soit à Dieu qui nous a donné la victoire, par Jésus-Christ notre Seigneur! Je suis dans la vallée de l'ombre de la mort; mais je ne craindrai point : ton bâton et ta houlette me consolent.

Lise avait épuisé ses forces; et quand elle eut terminé ce cantique de la foi, elle ne se réveilla plus qu'aux pieds du Sauveur... Ainsi venait de s'accomplir ce qu'elle avait demandé dans son journal, le 28 décembre :

« Quand pourrai-je donc, Seigneur, débarrassée de toutes les choses de la terre, me sentir définitivement en communion avec toi? Ah! je le sais, tant que durera cette vie, j'aurai à lutter contre le péché... Mais, Seigneur, je te demande de te tenir à mes côtés, afin que je puisse remporter la victoire... Fais ta demeure en moi, toi qui vins sur la terre *chercher et sauver ce qui était perdu*... Viens me sauver, afin que je sois une de tes brebis; et qu'un jour je puisse entendre ta voix bénie, m'appeler par mon nom et me dire : *Tu es à moi!... Entre dans ma bergerie!* »

VI

Le convoi et l'avertissement.

Une foule considérable s'était réunie dans cette maison du Maine-Planti d'où l'âme de la bienheureuse Lise s'était envolée, et d'où il fallait faire disparaître la dépouille mortelle..., ce corps qui retourne dans la poudre de laquelle il avait été pris, mais qui doit un jour, comme celui du Christ, en sortir victorieux. Les pasteurs de deux paroisses voisines avaient fait entendre la Parole de Dieu; et tout en méditant sur leurs avertissements solennels, la foule se dispersait, chacun reprenant le chemin de sa demeure, quand tout à coup ce bruit se répandit parmi quarante jeunes filles qui avaient été amies de Lise à l'école et à l'Asile et qui avaient suivi son convoi : « Madame la directrice veut nous entretenir. » Elles prirent aussitôt le chemin de l'Asile; voici la substance de ce qui leur fut dit :

« Nous avons toutes, je m'en réjouis, cédé à une

inspiration de notre cœur, en venant consoler la famille affligée, donner à Lise un dernier témoignage public d'attachement, et écouter sur le bord de sa tombe, la Parole de notre Dieu. Après, il ne m'a pas paru possible que nous nous séparassions, sans nous recueillir un moment ici en présence du Seigneur.

« Chères amies, je vous connais toutes..., je vous ai vues toutes à l'école du dimanche, aux mêmes places que vous occupez en ce moment... Plusieurs d'entre vous qui avaient fait profession de croire à l'Evangile, ont persévéré, et au moins manifesté la volonté de suivre, de servir le Seigneur; d'autres, hélas! nous ont quittées pour suivre le monde. Laissez-moi vous faire aux unes et aux autres quelques questions simples et cordiales, comme si nous étions encore à cette école dans laquelle nous avons passé de si bons moments.

« Vous savez toutes comment a pu mourir Lise ; avec quelle paix, quelle joie, quelle assurance elle s'en est allée vers le Seigneur. Eh bien, chères amies, vous qui avez écouté et suivi le monde, auriez-vous pu, sauriez-vous mourir comme elle ?... Voilà ce que je vous prie, je vous conjure d'examiner. — Les larmes semblent redoubler. — Ah! votre conscience vous dit que non, mes bien-aimées ; vous savez que si *quelqu'un aime le monde, l'amour du Père n'est point en lui;* et que *si quelqu'un se rend ami du monde, il devient ennemi de Dieu...* Vous savez cela, non-seulement parce que vous l'avez lu dans votre Bible, mais parce votre conscience vous le dit. Pour aller en paix vers Dieu, il faut avoir les péchés pardonnés et un cœur changé; et le monde a rendu pour vous ces deux choses impossibles. Comment pourriez-vous aller vivre éternellement avec un Dieu auquel vous ne pouvez pas consacrer un seul jour? Eh bien, écoutez cet appel que le Seigneur vous adresse aujourd'hui... Revenez, revenez à la source des eaux vives, à l'Evangile, au salut.

« Et vous qui n'avez pas, au moins d'une manière visible, cédé aux mêmes séductions, ah! venez à votre tour, apprenez, apprenons tous ce que Lise nous a si bien enseigné. Quelle piété que la sienne! Tout le monde était obligé de lui rendre hommage. Avec le sérieux de la foi, elle en avait aussi la douceur et l'amour; et tous ceux qui la voyaient, ne la quittaient pas sans avoir été convaincus de la vérité de sa doctrine. Faisons tous comme elle. Que notre piété soit la justification de notre foi; qu'elle soit empreinte de paix et de charité... Que quand notre tour sera venu, nous puissions nous aussi nous écrier :

«Gloire, gloire à Dieu qui nous a donné la victoire
« par Jésus-Christ notre Sauveur! »

Paris. — Typ. de Ch. Meyrueis et Cⁱᵉ, rue des Grès, 11. — 1864.